儿童赢在心理学 1

赵集广 编著

黑龙江少年儿童出版社

图书在版编目（CIP）数据

儿童赢在心理学 ：全2册 / 赵集广编著. -- 哈尔滨:
黑龙江少年儿童出版社，2024.5
ISBN 978-7-5319-8586-0

Ⅰ. ①儿… Ⅱ. ①赵… Ⅲ. ①青春期－心理健康－健康教育 Ⅳ. ①G444

中国国家版本馆CIP数据核字(2024)第091347号

儿童赢在心理学 1
ERTONG YING ZAI XINLI XUE 1

赵集广 编著

出 版 人：张磊
责任编辑：李昶 高彦
策　　划：赵集广
装帧设计：华宇传承
责任印制：李妍 王刚
出版发行：黑龙江少年儿童出版社
（黑龙江省哈尔滨市南岗区宣庆小区 8 号楼 150090）
网　　址：www.lsbook.com.cn
经　　销：全国新华书店
印　　装：天津市天玺印务有限公司
开　　本：710mm × 1000mm 1/16
印　　张：10
书　　号：ISBN 978-7-5319-8586-0
版　　次：2024 年 5 月第 1 版
印　　次：2024 年 5 月第 1 次印刷
定　　价：98.00 元（全 2 册）

序言

青春期来了，一大堆烦恼随之接踵而至。

你会防不胜防地掉进坏朋友的“坑”，不知不觉遭受他人的心理左右，有时候压力过大会产生极端想法，和爸爸妈妈赌气还想过离家出走，在学校遭遇霸凌不敢求救……

是的，这些青春期的烦恼，几乎是每个孩子在这一阶段必须面对的。

烦恼来自哪里？它来自你的心智由懵懂向成熟的转变，这是你长大的标志。

千万不要深陷烦恼而终日忧心忡忡，你手中的这两本《儿童赢在心理学》，将成为你的良师益友，带你走出困惑，收获成长。

这里面包含的60个困扰你的问题，就是本套书将要告诉你的——关于自我，关于人生，关于情绪，关于学习，关于社交等一系列问题的思考。

如何让自己内心强大，克服挫折？如何正确地选择朋友，收获友谊？如何合理地控制情绪，乐观成长？如何客观地认识自己，面对人生？……每一个问题的解答，都蕴含着你未来独立走向社会，去应对和处理纷繁复杂事件的大智慧。

本套书着重引导你透过现象找到问题的本质，并帮助你学会去领悟，去思考，去判断，找到你与这个世界和谐相处的真正良方。

正所谓，“授人以鱼不如授人以渔”。当然，我们会先给你一条“鱼”去充饥，让你在不枯燥的漫画世界里对号入座，找到自己的影子，用实操的方法解决燃眉之急。但，这不是最终目的。阅读本套书会让今后的你，无论遇到任何困惑，都不会自乱阵脚，而是能够第一时间看透它的本质，然后冷静地、游刃有余地去处理问题。

这里面所有的内容，全部以事实和案例为依托，以哲学理论为基础，以儿童心理学为支撑，用正面的、科学的、专业的知识，帮助青春期的你走出迷雾，继而迈入更高一层的具有哲学思维的阶梯。

这是一套有温度、有高度、适合反复阅读的人际交往启蒙书，你可以把它当成枕边书，每晚睡前都拿来读一读，对你真的有帮助。

目录

为什么遇到再大的挫折也不要走极端？ 1

怎样防止掉进坏朋友的“坑”？ 6

怎样防止被人心理左右？ 11

为什么说善待生命是对身体最高级的保护？ 16

为什么帮人之前，一定要先“识人”？ 21

克制坏情绪也是对自己的一种保护吗？ 26

为什么赌气离家出走是最愚蠢的行为？ 31

怎样防止陷入“假友谊”的陷阱？ 36

如何正确面对男生和女生之间的友谊？ 41

为什么懂得自爱的女孩才更可爱？ 46

男孩怎样防止掉进“哥们儿义气”的陷阱？ 51

遭遇校园霸凌怎么办？ 56

怎样坦然面对人生的种种意外？ 61

如何接纳自己的缺陷？ 66

为什么嘴上说努力，行动力却跟不上？ 71

为什么我的嫉妒心特别强？ 75

怎样从失败中重新站起来？ 80

爸爸妈妈听我说说心里话好吗？ 85

要不要坚持做自己？ 90

如何冲破贫穷的“束缚”，让自己自信起来？ 95

内向的性格就真的没出息吗？ 100

父母的钱，我有权利乱花吗？ 105

我有权利把父母当用人吗？ 110

为什么我们会忍不住说谎？ 115

怎样赶走自卑？ 120

为什么经常内疚会把自己推向深渊？ 125

为什么一遇到困难就想退缩？ 130

怎样从“丑小鸭”逆袭成“白天鹅”？ 135

为什么手机瘾会毁掉我们的一生？ 140

为什么高情商的人受欢迎？ 145

为什么遇到再大的挫折

也不要走极端？

遭遇大的挫折时，
总会觉得是世界末日的来临。

考试没考好，被老师叫家长，索性逃学。

在比赛中失利，没有取得名次，心灰意冷，彻底放弃。被最好的朋友背叛，产生厌世的情绪。和父母吵架，赌气离家出走。

为什么有的人会走极端？

走极端实际上是无法面对眼前的挫折和压力，而做出的偏激、不顾后果的逃避行为。

或是性格暴躁，点火就着；或是自卑孤僻，不愿与人倾诉；或是性格悲观，凡事总往坏处想；或是缺乏安全感，得不到温暖。

走极端只会让你在负面情绪爆发时得到短暂的“畅快感”和“报复感”，可“畅快”过后便是后悔。

遭遇挫折并不可怕，可怕的是把自己的出路堵死，硬往死胡同里闯。

走极端是把自己逼入绝境，让自己没有回头路。

解决困境的方法有千万种，走极端是自暴自弃，选择了最坏的那条路。

任何人都会为自己的极端行为付出代价。

面对挫折，怎样防止自己走极端？

冷静，冷静，再冷静，不要让冲动的“魔鬼”控制你的大脑。

告诉自己：已经跌到谷底，最坏也不过如此了。只要希望不灭，努力不止，再大的挫折都会有转机。

任何时候都不要自暴自弃，当命运向你亮起红灯时，你要学会给自己留有机会。

怎样防止掉进
坏朋友的“坑”？

你身边是否有这样的朋友？

总是拉着你到处玩，跟学习沾边的事一样不碰。

一身的恶习，还引诱你学坏。

总喜欢给你挑事，看你的笑话。

打扮另类怪异，还嘲笑你一身土气。

什么是坏朋友？

当你选择善良正义时，坏朋友撺掇你使坏心眼儿。

当你选择知识改变命运时，坏朋友教唆你趁年轻应该多疯狂。

当你们志趣不同时，坏朋友会一味地贬低你、嘲讽你。

当你做了错事时，坏朋友教你如何说谎、掩饰、栽赃、造假、逃避责任。

好的朋友，会带给你正能量，让你的人生一路向阳；而坏朋友，则会带你偏离人生轨道，让你失去上进心，阻碍你进步成长。

你和什么样的人交往，就有可能变成什么样的人。

坚守自己的原则，与坏朋友保持距离，拒绝歪门邪道，为自己的人生负责。

三观相同、志趣相投的人更容易彼此吸引。请相信，你若盛开，蝴蝶自来。

怎样防止掉进坏朋友的“坑”？

收起不恰当的好奇心，不要把抽烟、喝酒、逃课、泡吧、吸毒、打架、偷盗、抢劫等恶习和坏行为当成“酷”。

不追赶不适合学生的“潮流”，不要把身着奇装异服、打扮怪异当作“时髦”。

对出口成“脏”、谎话连篇、举止粗俗的朋友敬而远之。

不要听从别人的教唆、怂恿，不尝试别人所说的“快乐”，把“不碰烟、酒、毒”作为自己的底线。

怎样防止
被人心理左右？

有时候，我们不知不觉就会掉进被人左右的深渊。

被“坏友谊”精神打压，让自己的内心越来越缺乏自信。

为了达到自己的某种愿望或目的，失去原则地违心受人指使。

为了维护所谓的“友谊”，去讨好对方，心甘情愿做出牺牲。

被权威震慑或洗脑，无法辨别是非，失去自我判断能力。

什么是心理左右？

左右者用带有攻击性、精神打压、软硬兼施、欺骗等行为，来引导对方顺从自己。

被左右的孩子习惯在别人的否定和打击中寻求认可和被接纳，他们会逐渐自我怀疑、自我否定、自我贬低、自我迷失，从心理上向对方妥协。

被人心理左右是一种很可怕的自我迷失，内心深处并不会得到真正的快乐。

你的人生应该由你自己来左右。

学会独立思考和判断，不要轻易被他人的言语和行为所左右。

你要具备应对负面情绪、处理冲突的能力，自己有主见，敢于坚定地说“不”。

不被别人“牵着鼻子走”。你的忍气吞声不是善良，是软弱！

怎样防止被人心理左右？

培养自己的自信和自尊心，认识到自己的价值和能力。

你要明白友谊的界限在哪里。利用“朋友”关系来控制你，就是向你宣告：你和他的交情不是无偿的，你要有所付出，才配得上和他做“朋友”。

不要委屈自己，去做讨好他人的事情，你的忍让和讨好，只会让对方认为你好欺负，从而变本加厉地操纵你。

友好的关系不能靠一方的讨好来维系。当对方一味的索取而不知回报时，请远离这样的人。

为什么说善待生命是对身体最高级的保护？

你努力想成为一个很棒的孩子，但还是觉得自己不被爱。

你从小到大没什么朋友，总感觉很孤独。

你经历过对生活绝望、认为生命没有价值的时刻吗？

你学习压力很大，有时候甚至想放弃。

你被别人误会，怎么也解释不清，你真想把自己永远关在房间里。

为什么要善待生命？

你的生命并不是完全属于你自己，它还属于爱你的人和你爱的人。

每个生命都来之不易，健康、知识、理想与爱都是你生命中最为珍爱的东西。

对待生命，你没有权利伤害它、剥夺它，即便遭遇挫折、身处险境，都要不遗余力去保护它。因为，一旦失去了生命，一切都将毫无意义。

孤独、贫穷、挫折、压力……即便你暂时看不到未来，没关系，年轻的生命和健康的身体就是你最宝贵的财富，就是你最大的希望。

世界上除了生与死，其他都是小事。没有捱不过的寒冬，心怀希望地走下去，总有一天 ，会春暖花开。

生命有无限的可能，眼前的死胡同总能找到出口。

灰暗时刻，
如何保持对生命的信心，善待生命？

停下来休息一会儿，停止内耗，去做让你忘记烦恼的事。

跟最信任的人倾诉你的心事，让积攒的坏情绪彻底释放。

在没人的地方大哭一场，让泪水带走悲伤。

尽情地运动，用多巴胺赶走烦恼。

为什么帮人之前，一定要先“识人”？

有时候，我们好心帮助别人，最后却落得自己受伤的下场。

被“好人”面具蒙骗，让自己身遭险境。

为别人敞开“方便之门”，却让自己陷入了危险的境地。

好心去帮助别人，结果却“引火烧身”。

善良的底线在哪儿？

善良的前提是善待自己，理性地使用自己的善良，当你准备去帮助别人时，首先要确保证自身的安全。

认清什么是真正的善良，不能不分青红皂白帮他人做不道德或违法犯罪之事。

不做“烂好人”，不要委屈自己、透支自己去做成全别人的“好人好事”。

不要给自己道德绑架，帮人是情分，不帮是本分。选择是否帮助别人是你的自由，你有权利说“不”。

帮人之前要先会识人，好心错帮了坏人，便是一文不值。

助人为乐是美德，

但是没有尺度、没有智慧的助人为乐，

就是自我消耗。

让自己委屈、受苦的助人为乐，是软弱的妥协，更是一种臆想的自我感动。

什么样的帮忙，坚决不能帮？

身处偏僻的地方，面对陌生人的求助，一定要拒绝，而且快速离开。

平白无顾给你献殷勤的人，一定是另有所图，这种人你一旦帮他就可能引出大麻烦。

以寻人寻物为由，给你看失物照片，并请求你帮忙寻找失物的人，坚决不靠近、不理睬，更不要帮忙。

自己明明有能力，却偏偏寻求帮助的懒惰者，这样的忙不要帮。

克制坏情绪
也是对自己的一种保护吗？

被最信任的人误解，即便自己很认真地解释了。

你已经很努力了，但是成绩依然不太理想。

我们经常会遇到情绪失控的时候。

和朋友吵架，你说出过分的话。

你最心爱的东西被别人损坏。

发泄坏情绪可以解决问题吗？

大吼大叫、乱摔东西、恶言相向……你的坏情绪不仅伤害自己，还会伤害身边的人。

坏情绪会让你变得越来越丑。

坏情绪会影响你的身体健康。

爆发情绪除了让你事后后悔，丝毫解决不了任何问题。

对情绪负责，也是对自己的人生负责。

事情已经发生，与其把精力浪费在发泄上，不如想想怎么解决。

坏情绪就像野兽，驯服了它，就会化消极为动力，帮助我们成长。

如何不被坏情绪牵着鼻子走？

深呼吸、心中倒数十秒，给自己留出缓冲时间，这是阻断坏情绪，打开冷静之门的万能钥匙。

与自己的内心对话，不要让一时的冲动掩盖了你的理智。

特别想发火的时候，赶紧转移注意力，去想一想让你开心的事。

日记就是你的坏情绪垃圾桶，在这里你可以尽情倾诉，袒露最真实的自己。写日记之后，你会发现自己早已和坏情绪和解了。

为什么赌气离家出走是最愚蠢的行为？

青春期的你，有没有过离家出走的冲动？

被父母批评，用“离家出走”和父母对抗。

学习压力大，用“离家出走”逃避眼下的辛苦。

被坏朋友教唆，离家出走寻找外面的自由。

以为自己长大了，用“离家出走”证明自己的独立。

你为什么会产生离家出走的冲动？

有时候，你只是想到外面静一静，很快就回来。

有时候，你只是想故意气父母，给他们一个小紧张，来表达你的不满。

有时候，你会因为极度伤心难过，想逃离现实，离开这个家。

离家出走是用“硬碰硬”去要挟、报复父母，这是最愚蠢、最不能解决问题的极端行为。

外面的世界到处充斥着危险，家才是世界上最安全的港湾。

你会遇上心生歹意的人贩子，会受到别人的欺负，还有可能在不良团伙的拉拢下误入歧途。

一个人流落街头，你要面临吃不饱、穿不暖、无处安身等困境。

你的离家出走，会给家人带来巨大的伤痛。

跟家人发生矛盾，该怎样化解？

理解父母的苦心，你听不进去的教训，往往都是真理。

父母气头上不顶撞，彼此平静下来，再跟他们说出自己内心的想法。

用写信的方式和父母沟通，避免正面冲突。

怎样防止陷入“假友谊”的陷阱？

你有没有遇到过这样的“假友谊”？

在你风光的时候恭维你，在你落魄的时候绕开你。

总是向你诉苦，对你的烦恼却漠不关心。

在你难过的时候不安慰你，反而嘲笑、贬低你，甚至对你落井下石。

不为你保守秘密，反而到处宣扬你的隐私。

什么是真正的友谊？

真正的友谊，是真心希望你好。在你成功时，不心怀嫉妒，真心诚意祝福你，为你高兴。

真正的友谊，是在你失意时能理解你，用心倾听你的心声，给你肩膀依靠。

真正的友谊，是当你遭遇逆境时，伸出援手，帮你走出困境。

真正的友谊，是在你堕落走下坡路时，及时劝阻你，拉你上岸。

真正的友谊，是你被别人误解时，站在你身后力挺你，相信你。

真正的友谊，是敢于冒着翻脸的风险，对你直言相谏。

真正的友谊，是了解彼此品性，懂得彼此心思，为彼此着想，为彼此祝福。

真正的友谊，能给你带来快乐，你们可以平等相处，可以相互促进、彼此成长。

怎样识别“假友谊”？

表面对你好，背地里给你使坏的朋友，请远离。

总是带给你负面情绪的朋友，请远离。

总是对你一味索取，不舍得为你付出的朋友，请远离。

如何正确面对
男生和女生之间的友谊？

你有没有过与异性同学交往的困惑？

和异性同学交往会紧张和不自在，常常导致尴尬或冷场。

有时候和异性同学说句话都会脸红，即便只是普通的同学关系。

害怕和异性同学交往过多，而被周围人“说闲话”。

异性同学的思维方式跟你有很大差别，你们的沟通常常不在一个“频道”。

男生和女生之间，也可以有纯洁的友谊

你们可以彼此分享看过的书，学到的知识，听到的有趣的事。

你们可以一起为了梦想而彼此支持，彼此鼓励。

你们可以相互分享自己的喜怒哀乐，倾听对方的想法和建议。

你们可以一起探讨解决问题的方法，探索人生的意义。

如何与异性同学相处？

保持真诚和友善的态度，尊重彼此，落落大方。

不要在“学习第一”的年纪推崇“真爱至上”，否则你收到的将是一张不合格的成绩单和一个被耽误的未来。

不要被“流言蜚语”左右，不必过分拘泥于别人的言论。记住，身正不怕影子斜。

男生与女生之间该怎样把握分寸。

不要对异性同学过于热情或过于冷淡，要保持适当的礼貌和谦虚，同时不要过分追求或过分回避对方。

不传言、不八卦，不对异性同学进行不必要的打探或窥探隐私。

团结友爱，互相帮助，让纯洁美好的友谊之花永远绽放。

为什么懂得自爱的女孩才更可爱？

生活中总有一些不懂自爱的女孩。

爱慕虚荣，喜欢攀比、炫耀、为了追逐名利而不择手段。

爱贪小便宜，经不起他人的诱惑，给点儿好处就“上钩”。

不懂得和异性保持一定距离，言谈举止随便、轻浮。

自轻自贱，为了取悦别人，不惜作践自己，尊严扫地。

什么是自爱？

自爱就是尊重自己、爱惜自己，无论遭遇什么逆境，都不自暴自弃。

自爱是独立、自信，无论从心理还是物质方面，都不依附于他人。

自爱是有原则和底线，爱护自己的身体，注重自己的声誉、尊重自己的人格，不容许别人轻易践踏。

自爱是能看清自己的内心，有自己的理想和目标，对自己的人生能负得起责任。

自爱是自我保护的利剑。

女孩想要被珍惜、被尊重、被善待，首先要自爱。

你只有做到自觉自律、行为检点、自尊自重，别人才不敢轻视你，才会给你足够的尊重。

怎样做一个自尊自爱的女孩？

不贪小便宜，不随便花别人的钱，不轻易接受异性的财物。

不追逐名利，能抗拒诱惑，不要为了金钱践踏、出卖自己的身体和灵魂。

不乱搭讪，不说浮夸的话，不做轻浮的举动，和异性之间保持一定距离。

不依附于他人而放弃自我成长，独立自强是一个女孩自尊自爱的最大底气。

男孩怎样防止掉进“哥们儿义气”的陷阱？

很多男孩身中“哥们儿义气”的流毒。

模仿武侠小说中的侠客“拜把子”，彼此间称兄道弟。

听说哥们儿受了委屈或被人欺负，不分青红皂白便冲上去为他讨公道。

为了哥们儿义气心甘情愿去做违反原则、法规和颠倒黑白的事情。

明知对方做了错事，还为他袒护、包庇，甚至甘当替罪羊。

什么是“哥们儿义气”？

哥们儿义气是以私利为目的，抛弃原则、不惜牺牲和损害社会或他人的利益的一种狭隘义气。

哥们儿义气只讲“情义”，不讲是非，是丧失理智的无知、盲从和冲动。

哥们儿义气是眼看朋友深陷泥潭不伸手相助，反倒自己也不顾一切往里跳的愚昧。

哥们儿义气是你对我有“恩”，我对你有”义”、你给我“好处”，我给你“报答”的一种扭曲的交换关系。

友谊和“哥们儿义气”的区别。

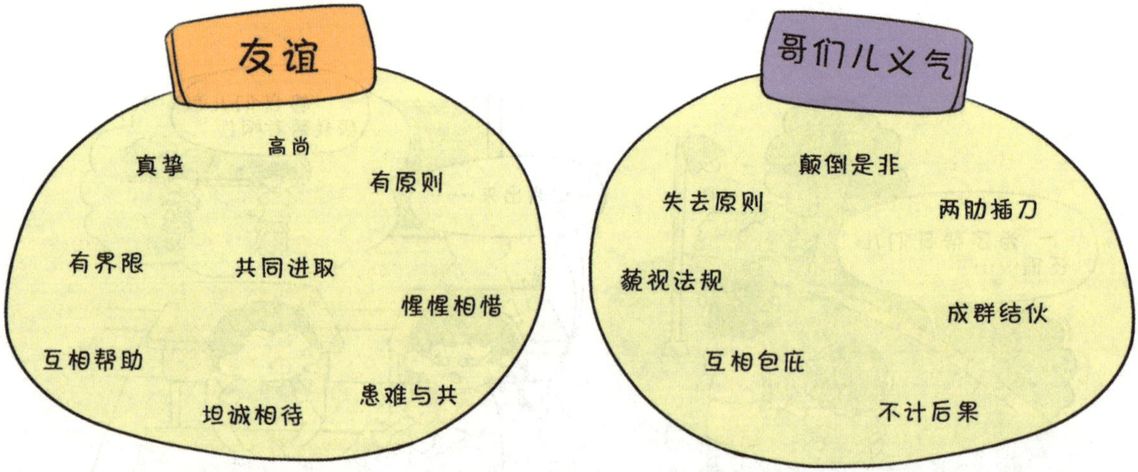

认清友谊和“哥们儿义气”的本质区别。

真正的友谊就像阳光，它能让你积极向上，带给你温暖和力量；“哥们儿义气”就像牢笼，阴冷黑暗，掉进去就很难脱身。

怎样避免掉进“哥们儿义气”的陷阱？

要有自己的主见和明辨是非的判断力，不意气用事，时刻保持冷静。

不参与拉帮结派、不加入各种小团体，让自己身处健康、纯净的学习和生活环境。

给自己树立正确的人生观，用道德感、荣誉感、正义感来要求自己，以取代狭隘的哥们儿义气。

遭遇校园霸凌怎么办？

很不幸，也许你曾经或正在遭遇这样的校园霸凌。

被高年级的学生威胁，勒索钱财。

被辱骂、嘲讽的恶毒语言伤害。

被排挤和孤立，无法融入集体。

被网络攻击、威胁、恐吓、诽谤、造谣……

什么是校园霸凌？

校园霸凌是学生之间权利不平等的欺凌和压迫，通常发生在身体或社交力量不对称的学生之间。

霸凌者会依仗自己的身体优势和社交优势，对弱势人群进行身体、心理、名誉、人格、财产等方面的攻击、侮辱和勒索。

有时候，霸凌事件由双方恩怨引起。

有时候，霸凌者仅仅是为了炫耀自己的势利，找一个弱者当“替罪的羔羊”。

被霸凌不是你的错，不要给自己内心套上“自己有错”的枷锁。

遭受霸凌不是你“闯了祸”，勇敢地向家长和老师说出实情，因为你是最应该得到保护的受害者。

被人知道你被霸凌，也不是丢脸的事。因为过错方是霸凌者，而不是你。

即便自己做错了事被人抓住“把柄”，也不要屈从他人威胁，任其摆布。

遭遇校园霸凌怎么办？

保持冷静的头脑，不要硬碰硬，尽量拖延时间，或想办法假装和他们“打成一片”，趁机脱身。

在气势上要镇得住对方，明确告诉施暴者打人的严重后果，以吓退对方。

如果不幸被欺凌，要学会呼救、自保和自救，护住身体最重要的部位。

遇到自己处理不了的问题要勇敢地告诉家长，或者报警。

怎样坦然面对人生的种种意外？

人生处处充满意外，你根本无法预测它何时到来。

一场意外，让信心满满的你在考试中遗憾落榜。

一场意外，让温馨的家园变成了一片废墟。

一场意外，让花容月貌的你失去了美丽的容颜。

一场意外，让你失去了最挚爱的亲人。

什么是人生的意外？

人生的意外，就是突如其来的、没有按你设想的轨迹进行的，你不想让它发生的事件。

人生处处充满意外，你对待意外的心态，决定你拥有什么样的人生。

如果你无休止地抱怨和悲伤，那将永远活在意外的阴影里。

就像多米诺骨牌，大多数时候它会按我们的预设一张张倒下，但有时它也会意外中途停止。

坦然地接受意外，即便再糟糕，也总会过去。乐观些，把每个意外当成你成长的机会。

有时候伤害我们的，
并不全是“意外”这件事情，
而是因为“意外”而产生的情绪。

当事情已经变得无可挽回时，不妨抬头向前看，长时间停留在痛苦里，是“意外”对人的二次伤害。

怎样走出失败的阴影？

自己要有意识地做出摆脱伤痛的决定。

不把忧郁深埋心底，要向值得你信赖的、善解人意的家人或朋友倾诉。

不要自怨自艾地把自己当成弱者、受害者，当你自我认定为强者时，积极情绪就会主导你，伤痛便会不治而愈。

原谅“意外”，接受已经发生的事实。一旦不再较真，痛苦的记忆也将慢慢褪去。

如何接纳自己的缺陷？

每个人都有自己的缺陷，或大或小，或多或少。

有的人天生皮肤黝黑。

有的人脸上有一块胎记。

有的人天生个子矮小。

有的人遭遇不幸而身体残疾。

面对身体缺陷，你的反应是什么？

有人遮掩、伪装、自我逃避。

有人消极、自卑、自暴自弃。

有人把缺陷当成无法逾越的鸿沟，被死死困住，无法跨越。

有人把缺陷当成前进的动力，努力向上，积极进取。

缺陷不是阻碍你成长的借口。

不要把缺陷当成逃避和放弃的“替罪羊”。

不要因缺陷而迷失自我，生活为你关上一扇门，一定会为你打开一扇窗。

如何接纳自己的缺陷，成为更好的自己？

多自我鼓励、自我肯定，发现自己优秀的一面，不拿缺陷跟他人的长处比。

与其绞尽脑汁掩盖自己的缺陷，不如用行动展示自己的优点。

把缺陷当作你生命中的一部分，勇敢地承认它、直面它，你才可能放下跟它较劲的执念，与自己和解。

树立人生目标，不受外界干扰。当你把人生价值看得大于一切时，缺陷便不复存在。

为什么嘴上说努力，行动力却跟不上？

你嘴上的“努力”常常败给行动力。

发誓好好学习，但是坚持不了几天，便又开始自我放松。

每天吵着要减肥，却在吃吃喝喝的道路上一去不复返。

说好每天阅读一小时，最后变成了空谈。

有很好的想法却没有付诸行动，过后又会感到懊恼和悔恨。

为什么嘴上说努力，但行动力却跟不上？

你树立的目标很有可能不是自己真正想要的，而是一个盲目的“假目标”。

你对行动力的认知模糊，不确定行动具有哪些价值，不明白行动与成长、未来有什么关系。

你惧怕失败，对自己没有信心，不敢尝试去努力。

懒惰是阻碍你行动的最大阻力。

怎样让行动力跟上努力的步伐？

设定清晰、明确、能实现的目标。

不必等万事具备再行动，直接去做，先做了再说。

确定做一件事的想法之后，一定要在3秒内去行动。

找到做这件事的动力，用内驱力带动行动力。

为什么我的嫉妒心特别强？

你有没有被嫉妒之火点燃的时候？

当妈妈的眼里只有妹妹，而视我为空气时。

当姐姐又获得荣誉得到父母的夸赞，而我却没获得任何奖时。

和又高又帅的朋友站在一起，而我却是个又矮又丑的胖子时。

当好朋友又在科技比赛中获得一等奖，而我连参赛的勇气都没有时。

什么是嫉妒心？

嫉妒心就是看别人比我优秀，而我却不如他时，有一种酸溜溜的感觉。

嫉妒心就是别人拥有，我也渴望而没有得到的一种失落感。

嫉妒常常让我羞于承认，因为有时候，它会让我有羞愧和屈辱的挫折感。

有时候，嫉妒心也会让你做出一些怨恨的发泄行为。

嫉妒心要敢于承认，没什么大不了的。

嫉妒这件事不分大人和小孩儿，有时候甚至连小动物也会心生嫉妒。

嫉妒是一把弯弯的刀，你以为你的敌视和发泄会伤害到别人，其实真正受伤的是你自己。

善意的嫉妒会激发你的斗志，让你努力进步，提高自己。

怎样甩掉强烈的嫉妒心？

不拿自己的短处和别人的长处比，它只会让你无限度的“自我内耗”。他是他，我是我。他有他的优点，我也有我的长处。

用祝福的心态去看待别人的成功，用积极的心态去向别人学习。

试试停止与嫉妒斗争，承认它，接受它。当你不再为这种情绪烦恼时，嫉妒之心就会慢慢消失，努力成为更好的自己。

怎样从失败中重新站起来？

有些人，因为失败就一蹶不振。

考场中失利，就消极厌学。

竞赛中失败，就灰心丧气。

遇到点儿挫折，就轻言放弃。

游戏玩输了，就情绪暴躁。

什么是失败？

失败并不是结局，而是你通往成功之路的小颠簸。

失败并非弱者的专属品，而是每一个成功背后的奠基石。

失败看似是一件负能量的事，但实则是在为最后的成功蓄力。

人生最大的失败，是向失败屈服。

失败并不代表你是一个失败者，它只是提醒你“革命尚未成功，同志仍需努力”。

真正的失败，是你选择不再面对困难、放弃接受挑战。

如何从失败中重新站起来？

先学会原谅自己，不要和曾经的“失败”较真，不要把失败的情绪一遍遍重复播放。

挫败感很强的时候，先停下来做点儿其他事转移注意力，情绪稳定再重新开始。

反思失败的原因，从失败中吸取经验，不要在同一个地方再次摔倒。

爸爸妈妈
听我说说心里话好吗？

长大后，我发现父母变得越来越不懂我！

我们的聊天话题只有“学习”，父母对我的内心想法很少关心。

我的行动被他们监视，隐私被他们偷看。

每次和父母的的交流，最后都变成冷冰冰的“说教课”。

得不到父母的鼓励和表扬，听到的更多的是批评。

青春期的你为什么和父母矛盾重重？

青春期的你受激素影响，身体里住进了一个“情绪小怪兽”，它让你变得冲动、易怒，有时候把父母的关心和爱当成啰唆和麻烦。

你渴望独立，渴望被信任、渴望平等对话，但父母依然以高高在上的姿态对你颐指气使，让你感觉不被尊重。

在父母眼里，你生活的全部都是学习，他们的高压控制和严厉管教让你窒息，你的内心无法得到理解、支持和温暖。

每次对父母的倾诉，换来的经常是他们的指责和抱怨，他们不理解你，不懂你，渐渐地，你的心里话再也不想对他们说了。

和父母发生冲突怎么办？

敞开你的心扉，主动和父母心平气和地交流，把他们当作朋友。

父母的出发点都是为你好，保持理性，跟父母积极沟通。

学会换位思考，尊重父母，体谅他们苦心。

即便错不在自己，也要主动向父母“道歉”，给父母一个“台阶”下。

双方都在气头上是无法解决问题的，你最好离开一会儿，或深呼吸，以平缓情绪，事后再与父母和平交谈。

当彼此无法平静面对时，可以用书信与父母沟通。千万不要用冷战、离家出走、逃学等极端方法和父母对抗，这是最愚蠢的“两败俱伤”的行为。

要不要坚持做自己？

我们常常在不知不觉中，失去了自我。

为了融入集体、不被孤立，而违心地做自己不喜欢的事。

怀疑自己、羡慕别人，而常常迷失自我。

为了得到别人的认同，而努力变成别人想要的样子。

太在意别人的眼光，而忘记了倾听自己内心的声音。

为什么走着走着，我们就丢了自己？

从小我们就被戴上“要懂事”“要听话”“要守规矩”的枷锁。

在家里，我们被拿来比较，努力去做别人的影子，只为父母开心。

在学校，我们模仿同学、追随别人，只为老师能看到自己。

我们常常迷失、困惑，害怕真实的自己不被人接受，又担心模仿别人丢失了真我。

做自己并非是以自我为中心，它是在尊重与理解彼此差异的基础上，尊重自己的选择与判断。

不要因为自己与他人的意见不同而不敢表达，去迎合他人。

也不要完全无视他人的意见而我行我素。

“做自己”也要有底线，不合时宜的个性就是哗众取宠。

怎样坚持做自己？

了解自己、接纳自己、喜欢自己。

不要太在意别人的眼光，不要被“约定俗成”绑架，敢于做特立独行的自己。

自己要有判断力，不要盲从，遵从自己的内心，活出自己喜欢的样子。

做到真正的内心强大，对外界的不认可“不屑一顾”。

如何冲破贫穷的“束缚”，
让自己自信起来？

家境贫困的你，
有时候不得不面对生活的窘境。

看到同学可以随意买，而自己只能眼巴巴地压制自己的欲望。

不敢带同学来家里玩，怕被大家看到自己家徒四壁。

一年四季就穿那几套衣服，总感觉自己的寒酸样被人看不起。

同学聚会常常找理由推辞，因为跟父母要钱总有一种负罪感。

为什么家里穷的孩子容易自卑？

家境贫寒的孩子从小体会到生活的艰辛和不易，过早地触碰到敏感而脆弱的自尊心。

想要的东西经常得不到，慢慢地，潜意识就会接受这个现实：我不配拥有美好，这不是我该想的，我要不起。

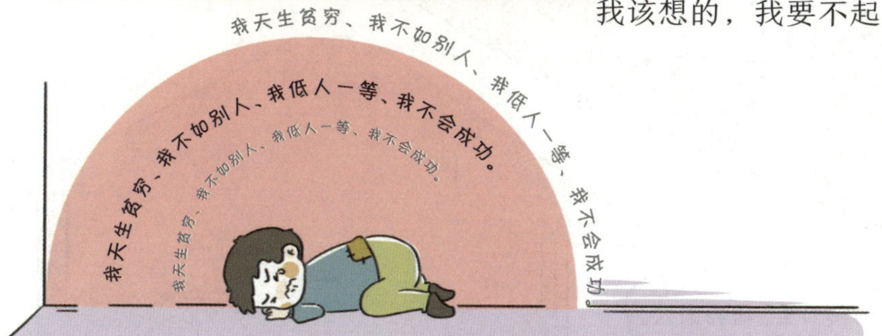

其实物质的贫瘠并不可怕，可怕的是自我认可能力的消失。它会让你不知不觉地认为自己低人一等。

家境不好没关系，
要用实力证明自己。

心态比状态更重要，只要你不看轻自己，没有人会看轻你！

不要把“穷”当成你示弱的借口。

生活虽然穷苦，但内心深处一定要向阳而生。

如何冲破原生家庭“贫穷”的束缚，让自己自信起来？

多看别人的能力，而非表面上的浮华。

与其抱怨命运不公，不如用知识改变命运。

不要因为别人的眼光而否定自己，不要让与你无关的人成为你内心的枷锁。

坦然直面“贫穷”，不必遮掩，当你打开心里的那扇门，你会发现有很多善意的光亮照射进来。

内向的性格
就真的没出息吗？

内向的你，总想把自己装进“套子”里，应该适当改变自己。

当家里来了客人时，你不想和客人打招呼，躲在自己房间里。

上课老师提问，即便知道答案也从不主动举手。

参加聚会，对你就是一种负担。

每次小组讨论，你都很少发言。

内向性格是什么样子？

安静、寡言，不喜欢热闹、偏爱独处、不愿意与外界接触。

低调、内敛，不爱表现自己，在人群中从不主动绽放光芒。

不喜欢成为众人关注的焦点，当被大家的目光注视时，会有很大的压力。

在社交场合中显得不合群，给人以清高自傲的感觉。

内向的性格就真的没出息吗？

虽然你不擅长社交，但并不代表你能力差。

你擅长独立思考、独立解决问题，所以在困难面前，你能很快自己解决。

你喜欢集中精力做一件事，一旦进入状态，就能长时间沉浸其中。

你拥有与生俱来的优势。

接纳自己的性格特质，适当调整并积极面对，不必强行“外向”。

父母的钱，
我有权利乱花吗？

我们花父母的钱，总觉得理所当然。

请朋友胡吃海塞，花钱大手大脚。

追求名牌，只买“贵的”，不选“对的”。

看见别人有的好东西，自己也想要。

一天不花钱，心里就难受。

父母的钱是怎么来的？

是起早贪黑，一斤一两称出来的。

是常常熬到三更半夜，一字一句敲出来的。

是顶着烈日骄阳，一砖一瓦垒出来的。

是省吃俭用，一点一滴省出来的。

怎样才能不乱花父母的钱？

买“需要”的，不买“想要”的，懂得取舍。

不攀比，不跟风消费。

自己有主见，不被卖家的“劝说”而打动，不冲动购物。

了解家庭的实际消费承受能力，理智花钱。

买东西之前，先问自己4个问题，给自己一个冷静期。

感受到父母赚钱的艰辛。

我有权利把父母当用人吗？

在有些孩子眼里，父母是不花钱的“用人”。

饭来张口、衣来伸手，生活的一切都依赖父母。

对父母呼来喝去，稍有不满就大发脾气。

父母不小心做错了事，对他们各种指责、数落。

愿望不被满足时，对他们各种抱怨、鄙视，甚至拳脚相加。

父母给了我们什么？

父母是给予我生命、养育我成长，给予我关心和爱护的人。

父母是唯一对我毫无保留、为我倾心付出，不求回报的人。

父母不一定能给我千万财富，却舍得为我付出全部。

在我遭遇风雨时，父母永远是那个遮风挡雨的撑伞人。

怎样做一个对父母感恩的人？

自己能做的事，就坚决不麻烦父母。

父母对自己的爱，要心存感恩之心。

尊重父母，不跟父母顶撞。

感受父母工作的艰辛、挣钱的不易，不埋怨父母的无能。

在父母劳累或生病时，主动关怀照顾。

为什么我们会忍不住说谎？

谎言在生活中随处可见。

你上学迟到怕被老师责罚，撒谎说爸爸的车坏在了路上。

看到朋友的新衣服，心里觉得不好看，嘴上还要称赞。

你在学校被同学欺负了，却谎称自己过得很快乐。

为了满足虚荣心，告诉别人自己穿的衣服是国外名牌。

人为什么会说谎？（恶意的谎言）

为了逃避责任，用谎言掩饰过错，以达到自保的目的。

为了获取某种利益，编造谎话来获取别人的信任。

为了避免尴尬或难堪，说谎来为自己开脱。

善意的谎言

善意的谎言可以表示对人的支持和鼓励。

善意的谎言可以表达自己的期望和祝福。

善意的谎言可以表达礼貌和客气。

习惯说谎会有什么后果？

一个谎言需要无数个谎言去圆，你总担心自己被戳穿，所以身心一直处于高度紧绷状态。

你会习惯性地逃避责任，缺乏责任心。

你会失去信誉，遭到周围人的排斥，交不到真心朋友。

当然，善意的谎言会让你收获理解、友善和尊重。

怎样赶走自卑？

你有没有被自卑深深困扰过？

自己有想法也不敢在公众面前说，生怕被人笑话。

如果有人在背后窃窃私语，就会觉得是在谈论自己。

即便是课堂上发言，都会紧张得声音发抖、面红耳赤。

得到别人的赞美，自己从内心却不敢接受。

什么是自卑？

自卑是对自我的怀疑、否定和贬低，是对自己的外表、形象、能力、品质等方面极度的不自信心理。

自卑的人常拿自己的弱点跟别人比，觉得自己一无是处，从而自惭形秽，自信全无。

自卑会让一个人敏感、害羞，躲避，负面情绪侵蚀自己的内心世界。

测一测，你的心里是否住着一个“自卑的影子”？

这些自卑的影子，你有几条？
适度的自卑能激发你的斗志；
强烈的自卑会消磨你的雄心大志。

怎样赶走自卑，让自己变得强大自信？

试着当一次意见领袖，给自己一个挑战的勇气。

调高你的音调，让你相信自己有话语权。

不要太敏感，不要想太多，遇事多想想“关我啥事”。

把自己的优点全罗列在本子上，给自己以“优秀”的心理暗示。

为什么经常内疚会把自己推向深渊？

你是否经常陷入内疚情绪，而让自己背负沉重的精神负担？

当朋友有求于你，而你没能帮到他时，你会感到内疚。

当你看到父母为了生活辛苦奔波，而你却舒舒服服地坐在教室里时，你会感到内疚。

当小宠物生病时，你觉得是自己没有照顾好它而感到内疚。

当你的小组比赛失利，而失败原因并不是因为你时，你也会感到内疚。

什么是内疚感？

正常的内疚是良知的表现，而过分内疚则是精神内耗，容易让人情绪抑郁。

长期陷入内疚的你，会弱化或无视对方的错误，出现不好的事情时总认为是自己的责任和过错。

你总怕给别人添麻烦，总怕自己的言行对他人产生敌意，这也让你变得越来越敏感、脆弱，缺乏力量。

你的“低自尊”和“良知过剩”导致你一直活在“为别人的情绪负责”的怪圈里，它是一个无形的枷锁，让你身心疲惫。

如何化解过度的愧疚感？

认同自我，接纳自我，你不亏欠任何人，你无需抱着“赎罪”的心态面对生活。

对自己多些宽容和友善，你要知道：追求自己想要的东西是理所当然的事情。

告诉自己“我已经尽力了”，你无需再为自己“无能为力”的事情而心存遗憾和愧疚。

让内心强大起来，不要因他人的愤怒情绪而让自己心生恐惧。

你要知道，有时候你的内疚只是毫无意义的“自虐”。

让内心的“挑剔”闭嘴，不做良知过剩的“老好人”，不过分承担不属于自己的责任。

认清自己的界限，是我的责任我承担，不关我的事，就把责任还给别人。

竞争不是伤害对方，你没必要退让，你自认为的“谦和有礼”在对方看来就是懦弱。

为什么一遇到困难就想退缩？

我们常常会在困难面前认怂。

事情做不好，就烦躁发脾气，干脆放弃了。

面对有挑战的事情，就放弃思考，直接求助别人。

遇到挫折，就情绪低落，甚至破罐子破摔。

还没有尝试，就被困难吓倒。

如何看待困难？

对于弱者，困难是阻力；对于强者，困难是成长的基石。

困难就像弹簧，你弱他就强，你强他就弱。

只有不断地迎接挑战并解决问题，才能收获经验，让你成长。

经历过困难和挫折，你才会变得更加强大，才能在未来的大风大浪中淡定自若。

如何在困难面前越挫越勇？

计划表：

★ 仰卧起坐目标：60个/分钟

✓ 第一天：仰卧起坐20个。

✓ 第二天：仰卧起坐25个。

✓ 第30天：仰卧起坐60个，

……

培养目标感，抱着不达目的誓不罢休的决心。

让自己的内心强大起来，告诉自己，即便失败，大不了重头再来。

把困难带来的挫败感和痛苦转化为继续前进的动力。

勇于面对困难，培养从挫折中复原的能力，才能让你掌握人生的主动权。

心里默念一个“铁律”——办法总比困难多。

坚持就有成功的希望，但是退缩就意味着一定失败。

怎样从“丑小鸭”逆袭成“白天鹅”？

你是否自怨自艾，认为自己注定平庸？

你羡慕别人有过人的天赋，而自己只是一个资质平平的普通人。

你羡慕别人有体面的出身，而自己却生在一个普普通通的家庭。

你羡慕别人对学习有满腔的热情，而自己拿起书本就犯困。

你抱怨命运不公，对别人太过慷慨，而对自己过于吝啬。

与其自怨自艾，不如悄悄逆袭。

即使你“资质平平”，也不是你选择躺平的借口。

不给自己一次触摸天花板的机会，你永远不知道自己的能力极限在哪儿。

不是所有人天生都能有一手好牌，能把烂牌打出“王炸”，才是你的本事。

与其仰望星空，不如逆袭而上。努力过后，你会发现曾经那个平庸无奇的自己光芒万丈。

所有逆袭，都是有备而来。

这世上，从没有一蹴而就的成功，有的都是努力之后的厚积薄发。

逆袭没有捷径，只有日复一日的努力和永不言弃的执着。

越努力，才会越幸运。只有做好准备，才能完美逆袭。

怎样从“丑小鸭”逆袭成“白天鹅”？

给自己强大的信念：你本来就是白天鹅，只是暂时没有被发现。

挖掘自己的爱好和潜力，并努力把它变成你独一无二的优势。

找到内驱力的“发动机”，只有自发努力，才会刻苦、坚持、自律。

给自己设立一个大目标，并把它拆分成若干个触手可及的小目标，去逐一实现，你会发现：自己的潜力永无上限。

为什么手机瘾会毁掉我们的一生？

越来越多的人沉迷手机不能自拔。

吃饭时拿手机刷短视频。

走路时拿手机追剧。

上课时想着手机。

深夜不睡觉用手机打游戏。

手机瘾有多可怕？

当你的大脑神经被手机里五花八门的新鲜玩意儿反复刺激后，很容易获得快感和依赖感。

手机瘾会吞噬你生活中的碎片化时间，让你无法集中精力学习，无法放松休息，无法全心投入与朋友相处的时光。

只要手机不在身边，你就会感觉孤独、紧张、焦躁，没有安全感，感觉自己和世界失去了联系。

手机里的“投其所好”，就是禁锢你思想的紧箍咒。

手机是把双刃剑，它能够帮助你，也能摧毁你。

自律、合理使用手机，它便是你学习路上的“良师益友”。

用手机替代思考走“捷径”，它就是阻碍你进步的绊脚石。

如何戒掉手机瘾？

专注学习的时候，就把手机关掉或静音，放在不会干扰自己的地方。

跟自己“约法三章”，确定何时看、看什么、看多久。

挖掘自己的兴趣爱好，让自己有事可做，不要让自己闲下来觉得无聊。

为什么高情商的人受欢迎？

每个人都不愿意和低情商的人做朋友。

看到别人的成绩和进步，就心生嫉妒，给人泼冷水。

说话心直口快，不顾及别人的感受，喜欢当众戳别人痛处。

情绪容易失控，遇到不顺心的事就乱发脾气。

不懂尊重别人，不会倾听，没有同理心。

和别人意见不同的时候，总是把对方讲到哑口无言，丝毫不给人留情面。

负面消极，浑身像长满了刺一样。

高情商是什么样的？

能认识到自己内心真实的喜怒哀乐情绪，并能做情绪的主人。

当负面情绪来临时，能把坏脾气调成静音模式，并自我缓解掉。

遇到挫折和困难时，能够自我激励，走出低谷，重新振作起来。

能感知和照顾到他人的情绪，懂得倾听、理解和共情。

怎样做一个高情商的人？

不要把口无遮拦当作性格直爽，哪怕是面对最好的朋友，也不能出口伤人。

学会发现他人的优点，真心诚意地去赞美，而不是虚假奉承。

管理和控制好自己的坏情绪，不抱怨，不乱发脾气。

懂得换位思考，照顾对方的情绪，替他人着想。

既尊重他人，也能保持独立和自我，让自己和对方都感觉舒服。

乐观向上，笑对生活，以积极的心态去化解消极情绪。

儿童赢在心理学 2

赵集广 编著

黑龙江少年儿童出版社

图书在版编目（CIP）数据

儿童赢在心理学 ：全2册 / 赵集广编著. -- 哈尔滨:
黑龙江少年儿童出版社, 2024.5
ISBN 978-7-5319-8586-0

Ⅰ. ①儿… Ⅱ. ①赵… Ⅲ. ①青春期—心理健康—健
康教育 Ⅳ. ①G444

中国国家版本馆CIP数据核字(2024)第091347号

儿童赢在心理学 2
ERTONG YING ZAI XINLI XUE 2
赵集广 编著

出 版 人：张磊
责任编辑：李昶 高彦
策　　划：赵集广
装帧设计：华宇传承
责任印制：李妍 王刚
出版发行：黑龙江少年儿童出版社
（黑龙江省哈尔滨市南岗区宣庆小区 8 号楼 150090）
网　　址：www.lsbook.com.cn
经　　销：全国新华书店
印　　装：天津市天玺印务有限公司
开　　本：710mm × 1000mm 1/16
印　　张：10
书　　号：ISBN 978-7-5319-8586-0
版　　次：2024 年 5 月第 1 版
印　　次：2024 年 5 月第 1 次印刷
定　　价：98.00 元（全 2 册）

序言

青春期来了，一大堆烦恼随之接踵而至。

你会防不胜防地掉进坏朋友的“坑”，不知不觉遭受他人的心理左右，有时候压力过大会产生极端想法，和爸爸妈妈赌气还想过离家出走，在学校遭遇霸凌不敢求救……

是的，这些青春期的烦恼，几乎是每个孩子在这一阶段必须面对的。

烦恼来自哪里？它来自你的心智由懵懂向成熟的转变，这是你长大的标志。

千万不要深陷烦恼而终日忧心忡忡，你手中的这两本《儿童赢在心理学》，将成为你的良师益友，带你走出困惑，收获成长。

这里面包含的60个困扰你的问题，就是本套书将要告诉你的——关于自我，关于人生，关于情绪，关于学习，关于社交等一系列问题的思考。

如何让自己内心强大，克服挫折？如何正确地选择朋友，收获友谊？如何合理地控制情绪，乐观成长？如何客观地认识自己，面对人生？……每一个问题的解答，都蕴含着你未来独立走向社会，去应对和处理纷繁复杂事件的大智慧。

本套书着重引导你透过现象找到问题的本质，并帮助你学会去领悟，去思考，去判断，找到你与这个世界和谐相处的真正良方。

正所谓，“授人以鱼不如授人以渔”。当然，我们会先给你一条“鱼”去充饥，让你在不枯燥的漫画世界里对号入座，找到自己的影子，用实操的方法解决燃眉之急。但，这不是最终目的。阅读本套书会让今后的你，无论遇到任何困惑，都不会自乱阵脚，而是能够第一时间看透它的本质，然后冷静地、游刃有余地去处理问题。

这里面所有的内容，全部以事实和案例为依托，以哲学理论为基础，以儿童心理学为支撑，用正面的、科学的、专业的知识，帮助青春期的你走出迷雾，继而迈入更高一层的具有哲学思维的阶梯。

这是一套有温度、有高度、适合反复阅读的人际交往启蒙书，你可以把它当成枕边书，每晚睡前都拿来读一读，对你真的有帮助。

目录

怎样抵御外界的诱惑？ 1

长大意味着什么？ 6

我是谁？ 11

人活着的意义是什么？ 16

我们为什么要上学？ 21

如何享受生命中的平凡？ 26

如何看待公平？ 31

怎样防止陷入网络陷阱？ 36

什么是真正的成功？ 41

死亡是什么？ 46

生命和金钱哪个更重要？ 51

要不要做“听话”的“乖孩子”？ 56

为什么小事也会让我过度焦虑？ 61

为什么越抱怨，事情反而越糟糕？ 66

钱到底有什么用？ 71

考试紧张焦虑怎么办？ 77

外在美和内在美哪个更重要？ 82

怎样克服社交恐惧？ 86

怎样避免卷入谣言的祸水中？ 91

当众发言紧张怯场怎么办？ 96

遇到不感兴趣的学科，就逃避吗？ 101

为什么我改不掉拖拉的坏毛病？ 106

怎样战胜懒惰的自己？ 111

放学后怎样合理利用时间？ 116

怎样摆脱假努力？ 121

怎样提升我的表达力？ 126

怎样才能紧紧抓住时间？ 131

人为什么害怕孤独？ 136

怎样快速融入新集体？ 141

做个什么样的人，更容易获得幸福感？ 146

怎样抵御外界的诱惑？

我们的身边，处处充满诱惑。

金钱的诱惑。

网络的诱惑。

一夜成名的诱惑。

垃圾食品的诱惑。

什么是诱惑？

诱惑就是对你有足够吸引力、能带给你短暂快感、能麻痹你的理智、并让你付出代价的事情。

诱惑是戴着天使面具的魔鬼，它承诺帮你飞翔，然后又折断你的翅膀。

只有在你内心不够坚定、心存欲念之时，诱惑才能发挥出它的魔力趁虚而入，控制你的大脑。

每个人都会面对诱惑，成功的人之所以成功，是因为他能约束和克制自己的冲动，不被诱惑带偏方向。

怎样抵御外界的诱惑？

延迟满足，给欲望一个“冷静期”，保持清醒的头脑，你就会用自控力来战胜诱惑。

在诱惑面前树立正确的价值观。

转移注意力，不让自己沉浸在当下的诱惑中。

培养判断是非和选择正确行为的能力，知道是非的界限在哪里。

丰富自己的精神世界，你高尚的志趣对不良诱惑自带屏蔽功能。

责任感是自我约束和克制的最好武器，它可以削弱放纵和任性心理，限制诱惑对自己的控制和摆布。

长大意味着什么？

你突然发现，有一天你长大了。

你的个子很快就追上爸爸妈妈了。

你不需要父母接送，一个人也可以独自上学和放学了。

有些事情你的父母让你可以自己做决定。

你的心里多了一些连妈妈也不想告诉的小秘密。

不再跟父母顶嘴，实在意见不合，就先保持沉默，再找机会好好沟通。

长大是“认识自我、接纳自我、突破自我”的过程。

长大是心智从幼稚向成熟的蜕变。

长大是挣脱父母的双手，渴望独立飞翔。

长大是夜里辗转反侧，开始思考未来和人生。

长大意味着责任和担当，你要为自己的行为负责。

长大是跌倒了拍拍身上的土，自己爬起来继续前行。

长大是你一点点长高，而父母却一点点变得衰老。

长大是可以为父母遮风挡雨，用你的肩膀为家人保驾护航。

怎样走出长大过程中的迷茫和困惑？

面对这未知的一切，莫名地彷徨，担心自己不够好，同时很害怕自己会失去。不知明天会是什么样？

长大是每个人的必经之路，用一颗平常心迎接长大的到来。

慢慢认识和接纳自己的生理和心理变化，认同长大的自己。

明确自己的目标，坚定而执着，为梦想而努力。

与其担忧未来，不如现在好好努力提升自己。只有掌握生存的本领，才不会被未来的社会淘汰。

我是谁？

在学校，“我”是学生。

在家里，“我”是孩子。

“我”有着千变万化的角色。

在赛场上，“我”是选手。

一个人的时候，“我”就是我自己。

我是谁？

独处时，我就是我；与他人共处时，我就是角色。

在这个世界上，我是独一无二的存在，我有属于自己的精神世界。

我有选择做自己的自由，不为迎合他人而改变，只为愉悦自己。

我是独立的生命个体，我不是任何人的翻版。

有时候，别人眼中的“我”，和我认为的“我”有很大差距。

有时候，我会变得不认识“我”，甚至怀疑哪个是真实的“我”。

过去的“我”和现在的“我”，也会发生很大的变化。

但无论何时，我都是心中喜欢、并且愿意成为的那个“我”，因为“我是谁”比“成为谁”重要一百倍。

怎样认识最真实的“我”？

确定自己的价值观。

发现自己真正的兴趣爱好。

了解自己真实的性格特点。

准确说出自己的3个优点和3个缺点。

人话着的意义是什么？

对于“活着”的意义，每个人都有不同的理解。

有人说，人活着是为了爱。

有人说，人活着是为了责任。

有人说，人活着是为了理想。

有人说，人活着是为了实现自己的价值。

人活着的意义是什么？

人活着的意义是你要为人生赋予什么样的意义。

有人因你而感到快乐，世界因你而变得美好，这就是活着的意义。

在生命的体验和探索中，你能感受到的快乐和悲伤，同样是活着的意义。

人生这本厚厚的大书中，每页记录的点点滴滴，都是你活着的意义。

怎样让自己的人生充实、有意义？

设定一个目标，用它来指挥你的思想，挖掘你的潜能，激发你的斗志。

保持终身学习的习惯，让自己不断成长，让内心充实而富足。

内心向善，你的灵魂就会变得高尚，你的人生也会处处美好。

乐于付出，多做贡献，找到自己的价值感和使命感。

执着于自己的热爱，按照自己的意愿度过一生。

不做金钱的奴隶，不为名利支配，听从内心的召唤，做自由的自己。

我们为什么要上学？

你常常怀疑，每天这样辛苦
上学到底有没有意义？

为了上学，每天要严格遵守学校的作息时间，真的很烦。

书本里的很多知识，好像对以后的生活都没什么用处。

硬着头皮学习，都是为了应付老师的提问和考试。

通向成功的路不止一条，但哪一条都需要努力。就算是天才也一样。

我们为什么要上学？

上学能打开你认知世界的大门，让大脑装满无穷的知识。

在学校你能交到很多志同道合的朋友，收获美好的友谊。

在学校，你可以接触到很多新鲜事物，开阔自己的眼界。

老师的引导，能让你树立正确的“三观”，懂得做人的道理。

学校是你进入社会前的演练，你能学会生存之道。

上学能丰富你的人生阅历，让你变得更有底气。

只有通过上学学习知识，才能不被未来的社会淘汰。

对于家境贫困的孩子，学习可以摆脱命运的安排。

上学读书可以丰富你的精神世界，提升你的文化修养。

如何享受
生命中的平凡？

梦想中的我

现实中的我

每个人都渴望自己拥有
伟大的、闪闪发光的人生。

像爱因斯坦一样拥有天才的智商。

像电影明星一样拥有出众的美貌。

像尤塞恩·博尔特一样拥有全世界最快的飞毛腿。

像乔布斯一样拥有富可敌国的财富。

什么是平凡的人生？

平凡的人生，是踏踏实实一步一个脚印，用今天的辛勤耕耘，换取明天的硕果累累。

平凡的人生是对自己有清醒的认知，但不会放弃努力，勇往直前。

平凡的环卫工人，也可以做出伟大的成绩。

即便是伟大辉煌的人生，大多数时刻都是在平凡中度过的。

平凡不等于平庸。平凡的人可以把平凡的事情做到伟大；而平庸则是没有理想与追求、不求上进。

接受自己的平凡，然后努力去做到与众不同。

在你的人生舞台上，再优秀的人都是路人，你才是真正的主角。

平凡并不代表可以自暴自弃，而是在平凡的学习或生活中，找到自己的乐趣。

平凡不是懒惰和不求上进的借口，平凡的生活同样需要努力。

如何享受生命中的平凡？

双手交叉，给自己一个暖暖的拥抱，拍拍自己的肩膀，告诉自己：过去的我已经很棒，以后的我会慢慢来！

接纳平凡的自己，喜欢平凡的自己。

保持一颗平常心，得失之间皆是浮云。尽自己所能，努力做出改变，享受做的过程。

教师的职业是平凡的，但是他一生桃李满天下，培养出一批又一批优秀的栋梁之材。

平凡人有平凡人的伟大，不必刻意追求他人眼中的不凡。

每年的生日，我都会给未来的自己写一封长信，把这一年的酸甜苦辣说给未来的自己听。

多些仪式感，把平凡的生活过得丰富多彩、熠熠生辉。

如何看待

公平？

你会发现，
这个世界有许多公平与不公平。

有些人含着金汤匙出生。

有些人拥有超常的智慧。

有些人努力之后，却仍不尽如人意。

有些人明明很优秀，却败给了运气。

什么是公平？

公平就是处理事情合情合理，不偏袒某一方或某一个人。

公平就是每个人承担着他应承担的责任，得到他应得的利益。

公平与否，是相对而言的，是通过相互比较而得的。但每个人比较的标准都不相同。

公平并不是一定要“同等”，而是每个人都能得到自己需要的。

不同人的眼里，或站在不同的角度，公平就会有不同的标准和解读。也许，从你的角度看，一切得不到的东西或非利己的事物都会叫作不公平。

自然界弱肉强食的自然法则是世界本有的、最真实的状态。

当你感觉不公平时怎么办？

把不公平的抱怨变成主动去解决问题，转变思维，化为力量。

坦然接受“不公平”，不自怨自艾。我们可以左右自己对待事情的反应，积极努力地完善自我，成为真正的强者。

怎样防止陷入网络陷阱？

网络陷阱无处不在，稍有不慎就会深陷其中。

当你准备领取从天而降的“中奖”和“福利”时，你已离陷阱只有一步之遥了。

当你在公共场所连接免费的无线网络时，你的账号密码很有可能悄无声息被盗取了。

当你被好奇心驱使，点击网页跳出的诱惑性图片时，你很可能已经中了电脑病毒。

当你接到“熟人”借钱的信息，未经核实就汇款，你就已经中了骗子的圈套。

每个人的生活都被网络紧紧包围着。

我们的生活越来越离不开网络。

它给我们的生活带来方便，也会给我们制造些小麻烦。

在网络的虚拟世界，你要控制住自己的“好奇心”、打消“贪便宜”念头。

任何摸不到、看不着、不了解、不确定的人或事，都不要轻信，时刻提高警惕。

怎样识破各种各样的网络骗局？

不要被网络上的“中奖”“返利”等信息诱惑，天下没有“免费的午餐”。

假装以官方名义，要求你提供个人信息或交手续费的，坚决不理睬。

慎加陌生人为好友，突如其来的“缘分”很可能就是一场骗局。

控制自己的好奇心，不点击聊天工具中的不明链接和页面弹出的诱惑性图片。

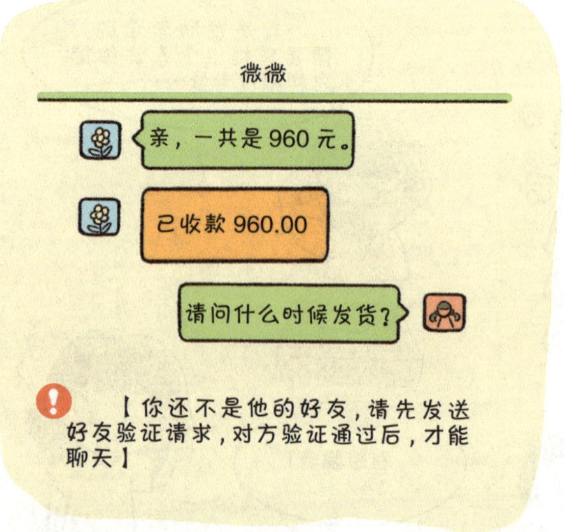

对朋友圈里的微商要有警惕之心，你的“信任”在对方眼里很可能就是白花花的银子。

不要轻信“高回报”网络兼职，你要坚信：不付出辛苦，不会有收获。

无论如何都不要参与网络赌博，你幻想的“一夜暴富”，最后都以负债累累收场。

“网恋”是个坑，被骗的不仅仅是感情，还有可能是你的金钱和身体。

什么是真正的成功？

外界的评价？　内心的肯定？

对于“成功”的含义，
不同的人有不同的理解。

有人说，赚很多的钱就是成功。

有人说，拥有很高的社会地位就是成功。

有人说，创造巨大价值、为社会做出巨大贡献才算是成功。

有人说，过上自己向往的生活，就是成功。

成功是一种评价，每个人的目标和评价标准不同，对成功的认识也不同。

对于学生，考上自己向往的大学便是成功。

对于消防员，在大火中抢救出宝贵的生命便是成功。

对于重症病人，战胜病魔便是成功。

对于老师，获得学生的爱戴，一辈子桃李满天下便是成功。

什么是真正的成功？

真正的成功，是回首年少时，没有留下遗憾。

真正的成功是遵循自己的内心，达到理想和目标之后的自信和满足。

真正的成功是突破自己，哪怕不是站在至高点。

真正的成功不是外界给你的评价，而是来自内心的自我肯定。

怎样让自己拥有成功的人生？

明确自己的人生目标，这是你努力奋进的动力。

寻找榜样的力量，它是你走向成功之路的明灯。

敢于突破自己、挑战自己，用你的毅力和自律去激发你的内在潜能。

不违背自己的内心，做自己感兴趣的事，让自己有价值感，让自己的人生有意义。

死亡是什么？

“死亡”是一件令人难过的事情。

亲人的离去，你长时间都走不出悲伤的情绪。

宠物的死去带给你无法磨灭的心理阴影。

你恐惧死亡，常常担心自己有一天会突然死去。

你害怕爸爸妈妈有一天也会离你而去。

死亡是什么？

地球上所有的生命，都会经历出生、成长和死亡的过程。

死亡是生命的终结，也是生命最后的归途，这是大自然的规律。

从出生的那一刻起，我们就在一步步接近死亡，没有人能永远地活下去，也没有人可以阻止死亡。

死亡并不代表消失得干干净净，逝去的生命依然会给活着的人带来爱和力量。

面对死亡的恐惧和焦虑，你最该做的是活在当下。

死亡对于我们，那是很久很久以后的事。与其为那些没影儿的事焦虑，不如看看当下应该做点儿什么。

死亡是一瞬间，活着却是一辈子。过好当下每一天，争取在有限的生命里，实现自己的梦想。

人生就像一列不断向前的火车，每一站都会有人上来，也会有人下去。这是自然规律，坦然面对就好。

如何面对亲人的离世？

不要隐藏悲伤，也不要怪自己软弱，大声地哭出来，释放出痛苦和悲伤情绪。

只要爱在心里，你爱的那个人即便已不在人世，也会永远和你在一起。

化悲痛为力量，用积极的心态去告慰已故亲人对自己的期望。

来一场属于你自己的告别仪式，比如给亲人写封信，向他倾诉自己的心声；或为他唱首歌，寄托你对他的哀思。

生命和金钱

哪个更重要？

生命和金钱哪个更重要？

有人说，身体健康时，金钱重要。

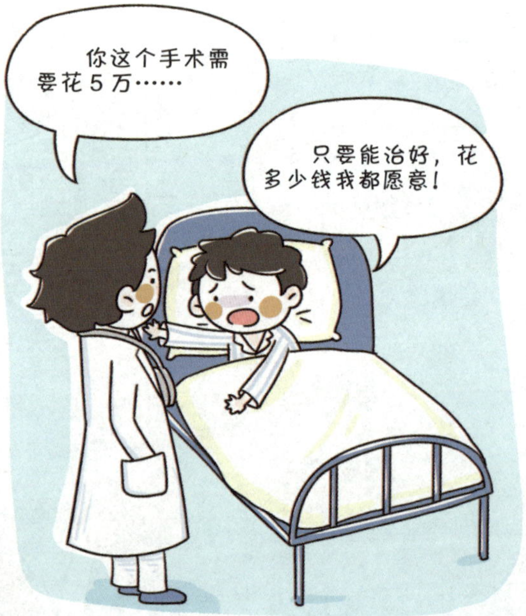

有人说，失去健康时，生命重要。

有人说，生命没了，有再多的钱也没有意义。

有人说，离开了金钱，根本无法生存下去。

生命和金钱的关系是什么？

人的生命从出生就面临着生存的考验，直到完成人生使命，生存的考验才会终止。

金钱承担着生命中的重要角色，它为人们提供生活中的物质基础和安全保障。

努力赚钱，可以让生活更美好，是体现生命价值的一种形式。

但是，金钱只是生命中的一部分，如果脱离生命，金钱就是一堆废纸，毫无意义。

生命和金钱如何取舍？

有些人为了赚钱，不惜消耗和透支自己的生命。

有些人真正走到人生的终点，才发现人间最宝贵的是生命。

活着就是幸运，活着就有希望，即使再痛苦，也不要践踏自己的生命。

生命是无价的，当它受到威胁时，金钱永远排在生命之后。

金钱是服务于生命的，永远不要把金钱凌驾于生命之上。

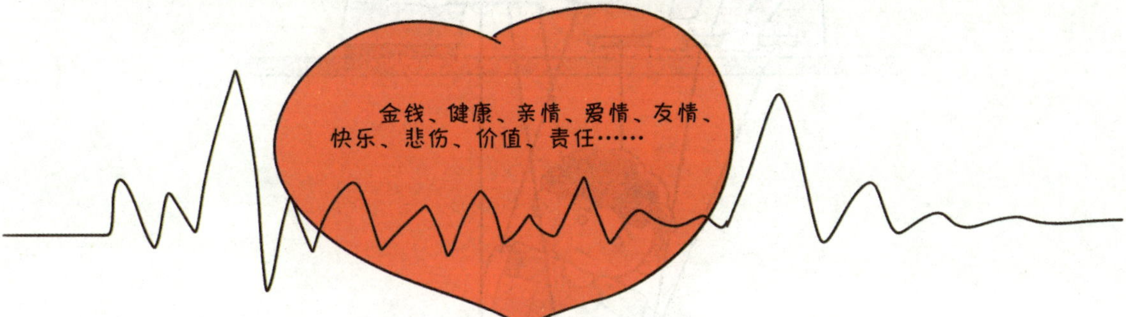

拥有生命才能创造价值，获得金钱；没有生命，就没有一切。

要不要做“听话”的“乖孩子”？

“听话”的孩子总能得到大人的夸赞。

你从来不跟父母顶嘴，也不惹他们生气，在大人的眼里，你是一个懂事的好孩子。

你总是让着弟弟妹妹，哪怕委屈自己也心甘情愿，真是一个听话的好孩子。

在朋友面前你不争不抢，出现矛盾也总是顺着对方，真是一个乖巧的好孩子。

你听老师的话，遵守纪律，从来不惹麻烦，真是一个让老师省心的好学生。

“听话”的背后是什么？

有时候，“听话”是对你情感绑架的“工具”，它会束缚你的个性，成为你思想的牢笼。

你一旦被贴上“听话”的标签，就会下意识地将自己的行为向标签靠拢。

你屈从于“听话”，努力按大人的要求去调整自己，去迎合、取悦、讨好，确保“好孩子”的形象。

你的“听话”是为得到表扬、不被抛弃，是伪装迎合别人对你的期待。

太“听话”的孩子会怎样？

没主见、不敢表达、思想压抑，习惯听从别人的意见和指使，自己不去独立思考。

习惯忍让，自己的权益不懂争取，把受委屈当成一种高尚的美德。

喜欢依附他人，不敢承担责任，习惯做“大多数”中的一员。

太在乎和顾及他人的感受，隐藏自己的内心和情绪，宁愿受委屈。

怎样摆脱"听话"枷锁的束缚，做真正的自己？

你可以善良，但不能"窝囊"，必要时得敢于发声，该争取时就要开口。

"听话的孩子没糖吃"，正视自己的内心和情绪，敢于表达你的真实想法。

你要有自己的脾气、个性，做有思想的自己，不做讨好别人的躯壳。

有自己的原则，有独立思考的能力，对于不公平的事情，你要有反抗和反击的意识和能力。

为什么小事也会让我过度焦虑？

你有没有经常因一点儿小事就焦虑不安？

因为别人不经意的一句话，就各种胡思乱想。

脑子里反复预演尴尬或者失败的场景，哪怕并没有发生过。

自己发言时，总会想是不是自己哪句话说错了。

睡前总想着白天发生的不愉快，翻来覆去睡不着。

为什么会产生焦虑情绪？

焦虑是由紧张、忧虑、担心、烦躁、恐惧等感受交织在一起而产生的一种复杂的负面情绪。

焦虑的罪魁祸首就是藏在心中的无形压力。

容易焦虑的人内心敏感、脆弱，缺乏抗压能力，遇事总是反复琢磨。

容易焦虑的人常常过分在意别人的想法，希望自己能够成为别人眼中的“完美”。

学会与焦虑和解，变焦虑为动力。

适当焦虑会激发你的潜能，督促你赶快行动。

着眼于当下，不要预支自己的坏心情。快乐时尽情享受，痛苦时勇敢面对。

怎样缓解自己的过度焦虑？

把焦虑、压力和烦闷倾诉出去，让自己的心态趋于平衡。

认清自我，调低目标，给自己减压。

给自己心理暗示：心放宽点儿，没什么大不了的！

为什么越抱怨，事情反而越糟糕？

你是这种爱抱怨的人吗？

当老师布置完作业时，你跟同学一起怨声载道。

逢人就吐槽你所经历的不愉快的事情。

在一个陌生且难以适应的环境中，满腹牢骚。

发现自己生活不如别人，总是抱怨命运不公平。

抱怨，真的有用吗？

把自己当成受害者，将错误归咎于外界，问题永远得不到解决。

抱怨的人希望得到理解与共情，如果得不到理想的回应，会让自己再度陷入更大的内耗。

当抱怨成为习惯时，你就会被贴上“消极”“负能量”的标签。要相信，大多数人都无法一直包容你源源不断的负能量。

你越抱怨，事情越糟糕。

抱怨就像磁铁，总会把不幸、倒霉、坏运气吸引到你的身边。

抱怨强化了你的负面情绪，放大了问题的严重性，你的不满、委屈和消极，把原本的好事也搞得糟糕透顶。

怎样停止抱怨，释放正能量？

把浪费在抱怨上的时间用在思考和解决问题上。

用包容的心去看待生活中发生的事。

化抱怨为力量！与其不停抱怨，不如努力改变。

钱到底有什么用？

钱能满足你的很多需求。

有钱可以住宽敞的房子、穿体面的衣服，去想去的地方。

有钱可以让你有底气、有尊严，帮助他人，回馈社会，得到别人的尊敬。

有钱可以帮助有困难的人。

有钱可以让你更好地爱家人和朋友。

但有时，钱也不是万能的。

再多的钱，也换不回青春。

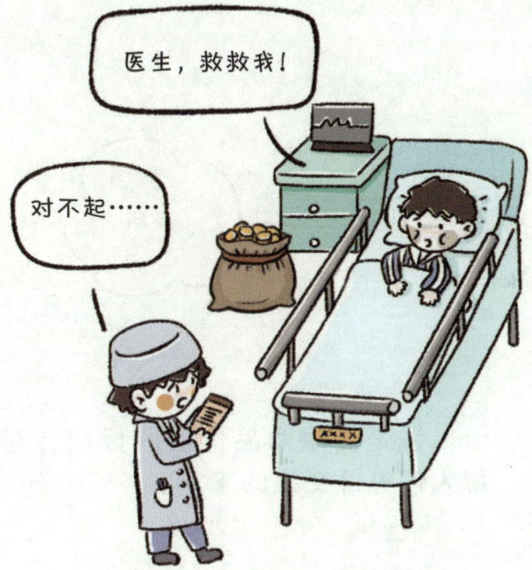

再多的钱，也买不回健康的身体。

再多的钱，也买不到超人的智慧。

再多的钱，也买不到真正的感情。

钱是什么？

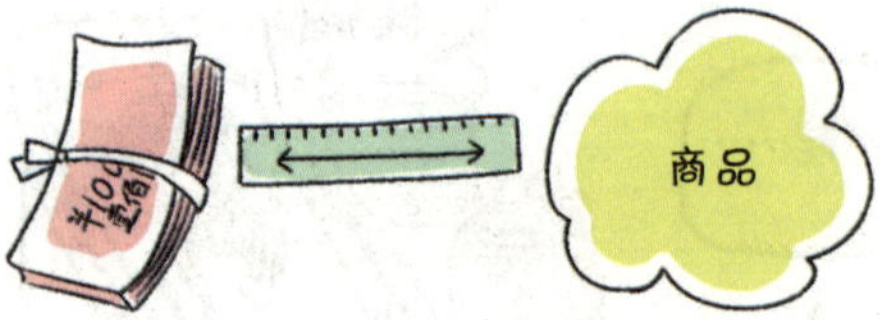

钱是衡量商品价值的标尺，是帮人们等价交换的工具。

每个人都离不开钱，因为它是我们的生存保障，是幸福生活的基础。

但是钱并不是衡量幸福生活的唯一标准。有些人口袋里装满了钱，可他依然感觉不到幸福的味道。

钱可以解决很多问题，但是钱不是万能的，因为生命中最美好的东西都是免费的。

钱能成就一个人，也能毁掉一个人。

有的人善于驾驭金钱，让它发挥该有的作用，是金钱的主人。

有的人甘愿受钱驱使，丢了原则，失了底线，成了钱的奴隶。

有的人为了钱努力工作，积极上进，为自己和家人创造美好的生活。

有的人为了钱背信弃义，出卖灵魂，甚至连命都不要了。

如何正确看待钱？

有钱却不挥霍，爱钱却不吝啬。把钱用到最需要的地方，做最有意义的事。

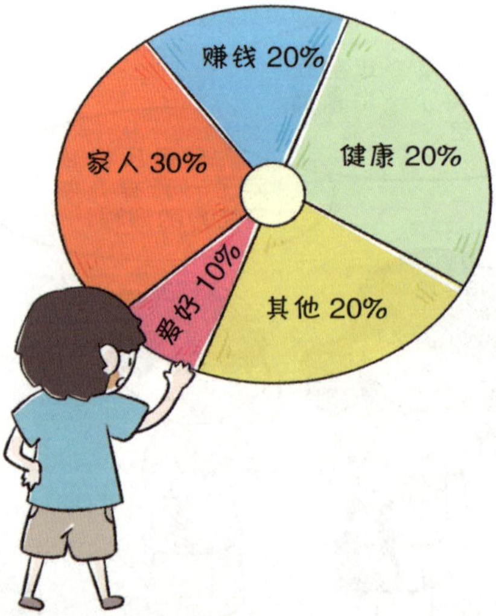

赚钱不是人生的全部，你还有家人、健康、爱好，以及感受生命中的美好。

你可以努力挣钱，但不能为了钱不顾尊严、不择手段。

不被金钱困扰，不做金钱的奴隶。

考试紧张焦虑怎么办？

考试，常常让我们紧张焦虑。

考试前一周就开始紧张不安、夜里失眠，总担心自己考不好。

一坐在考场就紧张得手抖、浑身出冷汗，大脑一片空白。

平时成绩很好，可一到考场，就发挥失常。

成绩出来之前，心里一直紧绷着一根弦，不能完全放松。

什么是考试焦虑？

考试焦虑是一种正常的心理现象，几乎每个学生都会有，它是对考试所表现出的自律和责任心。

焦虑有时候未必是坏事，适度的焦虑可以提升学习效率，有助于备考。

但是，焦虑过度，就会干扰记忆、思维，不能集中精力，影响考试的正常发挥。

自己期望过高、外界压力过大、同学间的竞争、自己准备不充足……都会加剧你的焦虑情绪。

怎样避免考试过度紧张和焦虑？

降低你对考试结果的期待值，告诉自己，只要努力过了就没有遗憾。

不用消极的语言和心态暗示自己。

消除掉大脑中的负面信息，不要被之前的考试失利而影响心情。

聚焦当下，不要为过去后悔，也不要为未来忧虑。

把紧张和焦虑情绪向家人或朋友倾诉。

用一些“小动作”来转移和化解在考场的紧张焦虑情绪。

外在美和内在美
哪个更重要？

有时候，外在美会让大家更愿意接受你。

外在美会给你带来很多机遇。

外在美会让你更受欢迎。

外在美让你格外自信。

外在美让你更容易得到别人的好感。

内在美会使你更加迷人。

内在美是由内而外所散发出来的气质，是更高境界的“美”。内在美所表现出的涵养、素质让你更显优雅和高贵。

内在美更深入人心，美感更强烈、更持久。

内在美虽然无法用肉眼看到，但它却超越了可以看到和触摸到的任何美。

你应该感谢父母给予的天生丽质，但更要注重后天对内在美的自我修炼和培养。

外在美是你的“敲门砖”，并不代表你能拥有长久的“居住证”。

外在美只能当下取悦于人的眼睛，而内在美却能持久感染人的灵魂。

外表不美可以靠内在的东西去弥补；但是内在不美，外表再耀眼也是丑陋的。

怎样克服社交恐惧？

社交恐惧真是一件麻烦事。

你不愿意出门，只喜欢宅在家里，参加集体活动也常常是硬着头皮。

抵触跟别人沟通、打交道，尤其和不熟悉的人聊天简直是一件痛苦的事。

与别人交谈时不敢直视对方的眼睛，有点儿手足无措，还动不动就脸红。

害怕进入新环境和新集体，不容易交到新朋友。

社交恐惧是怎么形成的？

在社交场合，当你被他人关注和审视时，总是担心自己做不好、不如别人，怕出丑、怕被嘲笑，心里就会紧张、害怕、焦虑。

社交恐惧的你很可能是内心不够自信和强大，你习惯性地否定自己，夸大社交情境的消极后果。

或许，你曾经在社交活动中遭遇尴尬或受侮辱的经历，让你心里有了阴影。

当然，你也有可能是遗传了父母“不擅长社交”的性格。

怎样克服社交恐惧？

学会欣赏自己、爱自己，一旦有自信了，就不会太在意别人的眼光，心情也就会放松下来。

多给自己社交的机会，先和让自己放松和舒服的人相处，再慢慢尝试和陌生人相处。

尝试着主动和不熟悉的人打招呼，只要你肯放下芥蒂之心，你会发现每个人都很好相处。

不要带着有色眼镜看人，有些人表面冷冰冰的，可是内心却格外热情。

自我暗示：我只不过是集体中的一员，没有谁会专门注意我，别太过于专注自身。

你用微笑和友善去面对别人，收获的同样也是微笑和友善。

怎样避免卷入
谣言的祸水中？

生活中谣言无处不在。

从朋友那里听来的“小道”消息。

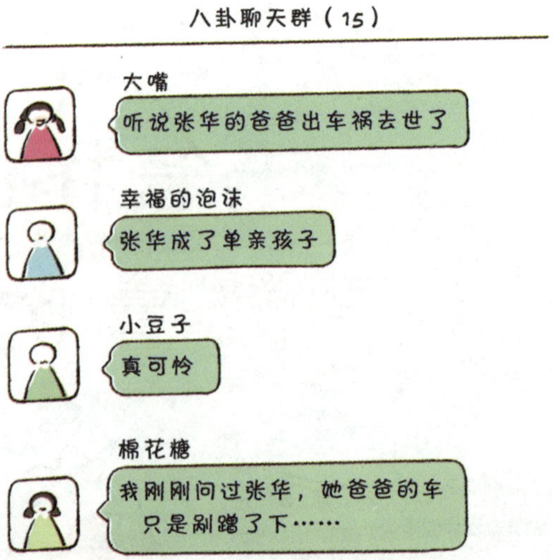

聊天群里的八卦新闻。

网站发布的不实内容。

社会上恶意传播的虚假消息。

谣言就是在没有事实根据的情况下，被人捏造出来的传闻。

有些谣言，是捕风捉影、断章取义、故意夸大，在原有的事件上偷梁换柱、搬弄是非。

有些谣言，纯粹是无中生有、恶意捏造事实，以达到故意诽谤和诋毁的目的。

有些谣言，是在真实信息的传播过程中产生的理解偏差和误读。

每个人都要为自己编造和散播谣言的行为买单。

一个喜欢搬弄是非、编造谣言的人，很容易遭到周围人的孤立和唾弃。

编造、故意传播虚假信息，严重扰乱社会秩序的，要负刑事责任。

怎样避免卷入谣言的祸水中？

对待纷繁复杂的信息要学会冷静思考，有自己的判断力和辨别力，不道听途说，不盲目从众。

对自己不了解或没有确凿证据的事情不妄加评判，不做煽风点火的谣言传播者。

自觉抵制网络谣言，不轻信、不传播非权威来源的音频、视频和文字信息。

对法律要保持敬畏之心，不要被动机不明的人或商家利用，成为扰乱社会秩序的宣传工具。

当众发言
紧张怯场怎么办？

你有没有当众发言紧张怯场的烦恼？

课堂被老师提问，只要叫到你的名字，你的脸就“唰”地通红，回答问题时也是声音颤抖。上台讲话，紧张得心跳加速，手心出汗，大脑一片空白。

参加小组讨论发言，语无伦次，说话毫无逻辑，想表达的意思也无法表达清楚。

即便下周才演讲，现在的你已经紧张得夜里失眠了。

为什么人多的时候发言会紧张？

在众人面前发言紧张是十分正常的事，这是身体对外部刺激保持警觉的一种本能。

但是过度紧张，就有可能是你的性格过于害羞，胆子小，或者不够自信。

你害怕出丑，害怕被人嘲笑，把结果看得太重，也会无形给自己增加紧张情绪。

你对自己要求过高，太过渴望被别人肯定与欣赏，也会给自己增加心理负担。

怎样做到当众发言不紧张？

对发言内容做充足准备，如果时间来不及，可以快速找几个关键点，理清思路。只要有内容可说，紧张心理就会慢慢消除。用幽默的开场白化解沉闷，你的紧张情绪也会在活跃的气氛中慢慢放松下来。

在听众中找一个对自己的发言感兴趣的人，和对方进行眼神的交流，对方的反馈会增加你的信心。

修炼“眼中无物”的能力，忽略听众的存在，把注意力放在你想表达的事情上。

多给自己上台发言的机会，多经历、多锻炼，经验会带给你自信。

不要怕出糗，不必太顾虑发言之后的结果。记住一句话：“只要自己不尴尬，尴尬的就是别人。”

遇到不感兴趣的学科，就逃避吗？

有时候，你遇到不感兴趣的学科，就会不自觉地去逃避它。

一上这门“不喜欢的课”，大脑就会不知不觉地神游。

每次这门“不喜欢的课”到来之前，都会紧张、有压力。

认为这门“不喜欢的课”实在没什么用，从心里对它产生抵触和抗拒。

认为这门“不喜欢的课”太难了，自己怎么也学不会，索性“破罐子破摔”，放弃这门学科。

不喜欢这门学科，就该放弃吗？

用积极的心态找到解决问题的方法，而不是轻言放弃。

每个学科都有它独特的价值和重要性，保持各科目的平衡发展，才能培养你全面的学习能力。

放弃一门学科，就有可能让你失去探索和发展自己兴趣和爱好的机会。

消极的情绪和态度会影响到你对其他学科的学习，甚至影响到你的整体学习动力和自信心。

有时候，你遇到不感兴趣的学科，就会不自觉地去逃避它。

多向这门学科的老师请教问题，以获得老师的帮助、鼓励和关注。

向自己的父母或朋友寻求帮助，以得到指导和支持。

尝试用不同的方式去激发你对这门学科的兴趣，如通过应用、实验或与现实生活相关的例子来理解和掌握知识。

学习不仅仅是为了取得好成绩，更是为了培养自己的能力和素质。每一个学科的知识积累，都将成为你未来的人生筹码。

通过课外阅读或社会实践，去了解与这门学科相关的课外知识，来激发你对这门学科的兴趣。

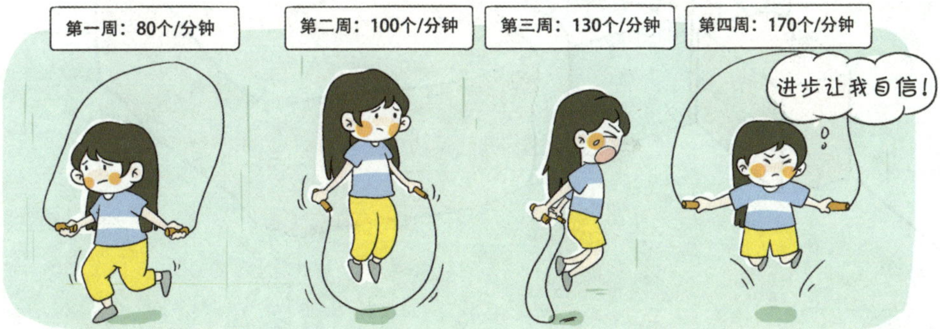

越是对这门学科吃力，越要想尽办法去征服它。哪怕只有一点点小进步，也会给你带来大大的信心和满满的成就感。

为什么
我改不掉拖拉的坏毛病？

你会因为拖拉而常常感到焦虑吗？

从今天拖到明天，不到最后期限就一直拖着不做。

一个小时能完成的事情，非要耗三四个小时才能做完。

面对有些困难的事情，感觉自己没有把握，便迟迟不肯行动。

一件事情已经计划很久了，却总是以各种理由拖延，不实施行动。

拖拉的罪魁祸首是什么？

贪图眼前的一时快乐，享受即时满足感，是造成拖拉的关键。

完美主义心态和害怕失败的恐惧心理也会让你在做一件没有把握的事情时，产生拖拉的心理。请记住，完成比完美更重要。

拖拉只会让你获得暂时的轻松，但实际上，问题依然摆在那里，它不会自动解决，也不会自动完成。

因拖拉而带给你的心理负担和产生的压抑、自责和后悔，让你丧失自信。

如何改掉拖拉的坏习惯？

用内在意志去激发自己，把这件事当成“想去做”，而不是“必须做”，用“主动”代替“被迫”。

把看起来困难的大任务分解成多个小任务，去一个一个攻克，每完成一项，你的成就感就会多一些。

请记住——“眼是懒蛋，手是好汉”。再困难的事，只要立刻行动起来，都会离目标越来越近。

每当你意识到自己是在拖延的时候，你就要在大脑里闪现出一个“停”字，并立刻停止自己的懒惰，行动起来。

在完成一项任务之前，先给自己限定一个时间，并向这个时间发起挑战。这样不仅能激发潜力，还能帮你提升专注力。延迟满足，为了追求更大的目标，先克制住眼前的“小满足”，有节奏、有计划地向你的“大满足”目标前进。

怎样战胜懒惰的自己？

你的身体里，时不时会钻进一只“懒惰虫”。

今天可以完成的事，总想拖到明天。

自己能做的事，总想依赖别人。

大脑不愿意独立思考，总想坐享其成。

不思进取，整天浑浑噩噩，做事情总提不起兴趣。

人为什么会有懒惰情绪？

懒惰是人的天性，几乎每个人的身体里都会有“懒惰因子”。

你长久看不到希望，或者感觉不到进步和成长，就会对目标产生怀疑，从而懈怠。

你没有得到即时的正向反馈，积极的进取心就会受挫，产生懈怠和懒惰情绪。

你没有明确的目标，没有内驱力的自我鞭策，就容易出现懒惰情绪。

懒惰成性，会毁掉一个人！

懒惰让你习惯了“等、靠、要”，不想主动争取。懒惰会消磨掉你的斗志和上进心，让你失去自信，止步不前。

懒惰并不能让你发自内心快乐，它会让你内心空虚，思想颓废。

如何保持自律，战胜懒惰的自己？

给自己定一个能触碰得到的目标，让你能看到前方的希望。

为你的目标赋予意义，让自己为之感动，以激发你的内驱力。

得不到外界的奖赏和正向反馈，那就自己去找正向激励。

自律不是要克制欲望，而是利用更大的欲望——积极的目标，去克制自我放松的“小欲望”。

放学后
怎样合理利用时间？

你总以为，放学后
有大把的时间拿来挥霍。

上学累了一天，先玩几局游戏犒劳下自己。

终于可以放飞自我了，赶紧看几集动画片过过瘾。

刷几条视频先放松放松，再写作业也来得及。

好不容易放学了，和同学在外面玩够了再回家。

在学校大家的时间是相同的，但是放学后每个人的时间都不一样。

当学霸复盘当日所学的新知识时，你在玩。

当学霸专注高效地完成老师布置的作业时，你还在玩。

当学霸开始预习第二天的课程内容时，你仍在玩。

怎样管理好放学后的“黄金时间”，不让自己失控？

先用30分钟放松大脑、补充身体能量，缓解一天的疲惫，为接下来的学习蓄力。

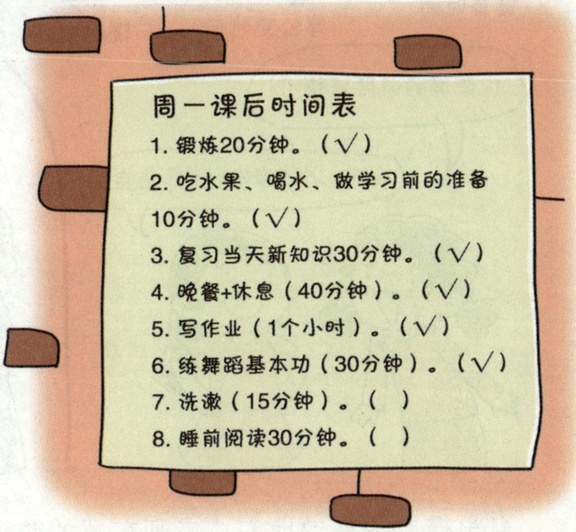

做一个“课后时间表”，把每天放学后的任务做好详细规划，这样就不会杂乱无章，也更有目标感。

养成每天“先复习、再写作业、最后预习”的好习惯。

提高专注力，把“挤”出来的时间奖励给自己。

当学霸专注高效地完成老师布置的作业时，你还在玩。认识到时间的宝贵，竞争力就会比别人强。

时间对每个人都是公平的，你能自我约束，就能抓住它为你多效力。

放学后不虚度、不失控，时间就会回馈你漂亮的成绩单。

怎样摆脱假努力？

有些人看起来很努力，却没有进步。

课堂笔记抄得整整齐齐，实际上从不深入思考，老师讲的内容也不走心。

每天学习到很晚，可学习效率低，一个小时的任务，要磨蹭三四个小时。

学习资料买了一大堆，可是真正做的没几页，有的甚至还没有拆封。

每天只顾着刷题，但只做自己会的，遇到难题就跳过，或者直接翻看答案。

什么是假努力？

假努力就是为了让自己心安而伪造一个努力的假象来麻痹自己，粉饰想偷懒的心。

假努力不是真用功，而是自欺欺人，给自己一个“未来可期”的虚影，给他人一个忙碌的假象。

长期陷入假努力的人，连自己都不知道是在“演戏”，除了浪费时间、感动自己，其他毫无意义。

假努力比不努力更可怕，你可以骗自己、骗别人，却骗不了时间，因为最后的结果会拆穿你“假努力”的面具。

怎样防止自己假努力？

努力之前先明确自己的方向和目标，避免努力半天南辕北辙。

注重小目标，把每个目标期限缩短到一周、一天、一小时，让自己每时每刻都有所收获。

学习时间长≠真正的努力

不要用时间衡量自己的努力，而是以掌握了几个知识点为学习目标。每次学习之后都要给自己一个正向的价值反馈。

减少形式主义，直接开始，不要把时间和精力浪费在毫无意义的事情上。

不要在舒适圈里原地打转，自己娴熟的不必反复重复，冲击自己不擅长的，才能获得真正的进步。

给任务设定一个时间限制，在自己能达到的范围内越短越好，并适当给些小奖励和小惩罚，这样才能高效和专注。

强化执行力，想要做什么就立刻行动。千万不要做思想上的巨人，行动上的矮子。

怎样提升我的表达力？

有些人明明很优秀，却在表达力上吃亏了。

只会埋头做事，不善言辞，有能力也常常被埋没。

逻辑思维混乱，条理不清，说话颠三倒四，让别人失去倾听的耐心。

上课不愿意和老师互动，缺少参与感，老师很少会注意到他。

从不主动发表自己的观点，在社交中是"边缘人"，在团体中是"小透明"。

表达力很重要吗？

表达力展现的不仅仅是口才，还是分析力、逻辑思维、观察力和情商的综合体现。

有时候，“说”让你更充分地展示才能。

好的表达力一开口就能给别人留下好印象，也能让对方立刻记住你。

好的表达力更容易获得别人的支持和认可，它是领导者必备的素质之一。

怎样提高表达力?

相信自己，克服自卑，敢于大胆、大声地说出来。

每天坚持大声朗读20分钟，增强语感和说话的流利度。

提前构出逻辑框架，并套用“首先+其次+再次+最后”公式，让你表达起来思路不会混乱。

把镜中的自己切换成不同的角色，并与之对话，你可以随意、大胆地表达，不必担心说错而被人嘲笑。

每看完一个故事或读完一本书，都要条理清晰地把它复述下来。表达的时候尽量不用“嗯”“这个”“然后”等词语。

多阅读、多积累，大量词汇能让你的表达准确而有“营养”。

怎样才能紧紧抓住时间？

有时候，你感觉时间过得很快；
有时候，又觉得它很慢。

当你专注于做一件事时，时间就会过得很快。

当你等待一件事情时，时间就会变得很慢。

当你享受快乐时，时间就会过得很快。

当你身处痛苦时，时间就会变得很慢。

时间是什么？

时间并不是真实存在的物质或能量，它只是人类创造的一个抽象概念。

我们看不到也摸不着时间，但它却无时无刻不在我们身边。

无论工作还是学习，我们都需要依靠时间来进行合理的规划。

时间不会停止，也不会倒流，即便我们什么也不做，时间也会悄悄流逝。

虽然一分钟的时间很短暂，但它却可以做出很伟大的事情。

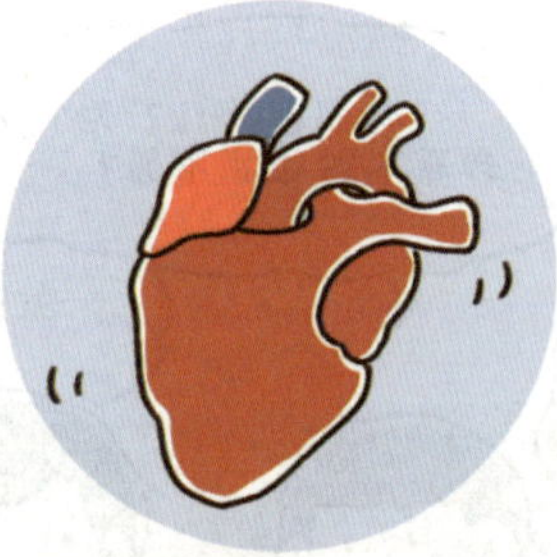

60-100次/分钟。

一分钟，我们的心脏会跳动60-100次。

一分钟，可以阅读一篇短小的寓言故事。

一分钟，可以决定一场比赛的胜负。

一分钟，火箭可以飞行约1000千米。

一分钟，猎豹在草原可以奔跑约1800米。

一分钟，全世界大约有250个婴儿出生。

如何才能紧紧抓住时间？

时间对每个人都是公平的，在同样多的时间，你的效率高，你拥有的时间就会变“长”。

警惕悄悄窃取你时间的“小偷”。

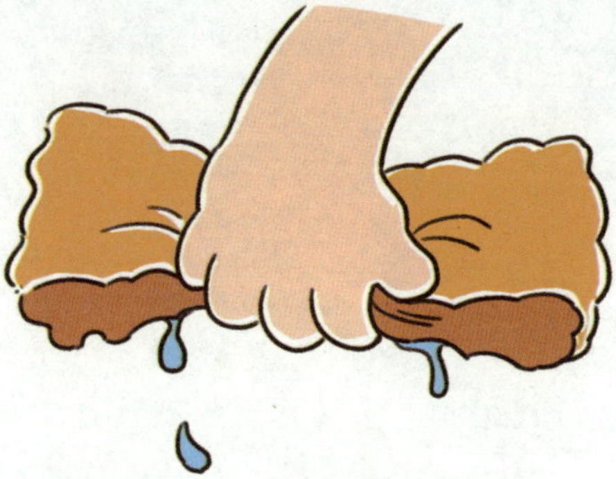

时间就像海绵里的水，只要你肯挤，总还是有的。

没有人能控制时间，但是可以控制自己对待时间的方式。

人为什么害怕孤独？

每个人都有孤独的时候。

当你生病时，身边没有人陪伴，你会感觉孤独。

当你取得了成功，但是没有人分享你的快乐，你会感觉孤独。

当你在喧嚣的人群中，看着别人无比欢乐，而自己却无法融入其中，你会感觉孤独。

当你的想法得不到别人的理解和支持，你会感觉孤独。

当你被同伴排挤、孤立时，你会感觉孤独。

当你找不到可以诉说心里话的人时，你会感觉孤独。

当你翻看过去的照片，可是里面的亲人或朋友已经不在时，你会感觉孤独。

当你在深夜辗转反侧，而隔壁传来此起彼伏的呼噜声时，你会感觉孤独。

有时候，我们也渴望独处，享受一个人的“孤独”。

当你感觉疲惫时，你喜欢一个人静静地待在房间里，听听音乐，放松下心情。

当你心情不好的时候，你不想和任何人说话，只想一个人出去走走。

有时候，你喜欢一个人逛街，想去哪里就去哪里，不用迁就别人。

当你专心做一件事情时，你希望全世界把你忘掉，任何人不要来打扰。

怎样赶走孤独感？

写日记、画画，让自己在孤独的时候有事可做，有所寄托。

积极乐观，主动去拥抱社会与他人，而不是消极等待被爱。

多读书，与书中的智者交朋友，充实大脑和思想。

把微信聊天改成现实生活中的见面，和朋友倾诉内心。

怎样快速融入新集体？

刚刚进入新集体，
你会感觉迷茫、紧张、焦虑。

加入新社团，都是陌生的面孔，你很想融入他们之中，又不好意思主动打招呼。

转学进入新学校，你一个人都不认识，感觉好孤独。

升学进入新环境，同学们很快三五成群成为好友，只有你一个人没人理。

到了一个新集体，你看谁都不认识，懒得开口和他们说话。

你为什么排斥新环境？

每个人的心里都住着一个“安全保镖”，到了一个新环境之后，他会本能地帮你搭建起防御的屏障。

进入新环境，意味着要开拓出让自己熟悉的领地，结交新的朋友，你的畏难情绪会本能地抗拒。

失去了原有熟悉环境的优越感，你的孤独感和失落感会导致你自我封闭，不愿意主动跟新认识的人接触。

怎样快速融入新集体？

学会主动与人“搭讪”，多向新同学或新朋友虚心请教问题。

眼明手快，当周围朋友需要帮助时，及时伸出热情之手。

真诚地表达你对他人的欣赏和赞美。

保持微笑，让你看起来更加友善和亲切。

利用课间或午休时间与朋友多聊天，消除彼此间的陌生感。

带一些小礼物，分享给你周围的新同学和新朋友。

做个什么样的人
更容易获得幸福感？

我们一生都在追求幸福，可到底什么才是幸福呢？

有人说，和家人吃一顿丰盛的晚餐，就是幸福。可有的人，却不这么认为。

有人说，拥有健康的身体，就是幸福。可有的人，却不这么认为。

有人说，赚很多钱，就是幸福。可有的人，却不这么认为。

有人说，收到朋友的礼物，就是幸福。可有的人，却不这么认为。

有人说，拥有自由、能做自己想做的事，就是幸福。可有的人，却不这么认为。

有人说，能和喜欢的人一起看日出，就是幸福。可有的人，却不这么认为。

有人说，能得到老师的表扬，就是幸福。可有的人，却不这么认为。

有人说，对需要帮助的人伸出援手，就是幸福。可有的人，却不这么认为。

什么是幸福？

幸福是一种内心的愉悦、平和、安详和满足感。

幸福没有绝对的答案，幸福与否取决于每个人自己的内心感觉。

你看待生活的方式，决定了你的幸福指数。

幸福就像空气一样每天围绕着我们，只要你用心去发现、去感受，那么幸福就在你身边。

做个什么样的人，更容易获得幸福感？

做一个内心富足的人，把生活本身当成一种幸福。

要有积极乐观的心态，善于发现阳光的一面，让自己的内心充满希望和美好。

懂得知足，少看自己没有的，多感受自己拥有的，幸福就会常伴左右。

乐于奉献，当“被需要感”涌现出来时，你的内心就会充满幸福。